BEI GRIN MACHT SICH IHR WISSEN BEZAHLT

Bibliografische Information der Deutschen Nationalbibliothek:

Die Deutsche Bibliothek verzeichnet diese Publikation in der Deutschen National-
bibliografie; detaillierte bibliografische Daten sind im Internet über http://dnb.d-
nb.de/ abrufbar.

Impressum:

Copyright © 2010 GRIN Verlag, Open Publishing GmbH
Druck und Bindung: Books on Demand GmbH, Norderstedt Germany
ISBN: 9783640679706

Dieses Buch bei GRIN:

http://www.grin.com/de/e-book/154881/musikcastingsendungen-im-deutschen-
fernsehen

Timo Hofmann

Musikcastingsendungen im deutschen Fernsehen

Vergleich von "Deutschland sucht den Superstar" und "Unser Star für Oslo"

GRIN Verlag

GRIN - Your knowledge has value

Der GRIN Verlag publiziert seit 1998 wissenschaftliche Arbeiten von Studenten, Hochschullehrern und anderen Akademikern als eBook und gedrucktes Buch. Die Verlagswebsite www.grin.com ist die ideale Plattform zur Veröffentlichung von Hausarbeiten, Abschlussarbeiten, wissenschaftlichen Aufsätzen, Dissertationen und Fachbüchern.

Besuchen Sie uns im Internet:

http://www.grin.com/

http://www.facebook.com/grincom

http://www.twitter.com/grin_com

SoSe 2010

FB 3: Sprach-, Literatur- und Medienwissenschaften

Fach Medienwissenschaften

Seminar: „Einführung in die Medienwissenschaft"

Musikcastingsendungen im deutschen Fernsehen

Vergleich von

»Unser Star für Oslo« und »Deutschland sucht den Superstar«

B.A. Medienwissenschaft

2. Semester

Inhaltsverzeichnis

1. Einleitung

Zu Beginn des 21. Jahrhunderts ist eine neue Welle in der »TV-Landschaft« ausgebrochen. Musikcastingsendungen *erobern* seit ihrem Beginn im Jahr 2000 als neue Form massenmedialer Unterhaltung die Fernsehbildschirme und gelten mittlerweile als etablierte Formate im deutschen Fernsehen. Durch welche Aspekte das Interesse ausgelöst wird und inwiefern sich einzelne Sendungen unterscheiden, soll am Beispiel der beiden Musikcastingsendungen *Deutschland sucht den Superstar* (DSDS) und *Unser Star für Oslo* (USFO) erarbeitet werden. Zu Beginn der Arbeit soll zunächst der Begriff der »Unterhaltung«, der heutige Stellenwert von Fernsehunterhaltung sowie deren mögliche Formen vorgestellt werden (vgl. Kap. 2.). Die Entstehung und das prinzipielle Vorgehen von Musikcastingsendungen, die eine Kategorie der Fernsehunterhaltung bilden, werden zu Beginn des dritten Kapitels beschrieben. Als Beispiele und Voraussetzung für die spätere Analyse werden die Konzepte der beiden Musikcastingsendungen DSDS und USFO vorgestellt (vgl. Kap. 3.1. und 3.2.). Im Hauptteil der Arbeit sollen zunächst die Einschaltquoten und Zuschauermarktanteile beider Sendungen gegenübergestellt werden (vgl. Kap. 4.), um schließlich die inhaltlichen Aspekten beider Formate, die Einfluss auf den Erfolg einer Musikcastingsendung haben, zu erarbeiten. Hier soll im ersten Schritt die Bedeutung der Musik, der Gesangsqualität und der Natürlichkeit der Castingkandidaten beider Formate gegenübergestellt werden, um Rückschlüsse über die Auswirkungen dieser Aspekte auf die Höhe der Einschaltquoten zu bilden (vgl. Kap. 4.1.). Inwiefern sich die Charaktere beider Formate unterscheiden, welche Inszenierungen beobachtet werden können und welche Schwerpunkte neben der Musik in Castingsendungen gesetzt werden können, wird in Kapitel 4.2. erarbeitet. Schließlich soll auch hier der Zusammenhang dieser Elemente mit dem Erfolg einer Sendung erarbeitet werden. Schwerpunkt des letzten Kapitels des Hauptteils ist auf die Berichterstattung über die beiden Musikcastingsendungen DSDS und USFO in den Medien gerichtet. Inwiefern spiel(t)en andere TV-Formate und andere Medien in Bezug auf die beiden Formate und deren Erfolg eine Rolle (vgl. Kap. 4.3.)?

2. Fernsehunterhaltung

»Unterhaltung ist, was unterhält« (vgl. Ernst 1971: 54). Anhand dieser These des Kultur- und Medienwissenschaftlers wird bereits ersichtlich, wie schwierig die Frage, was Unterhaltung bedeutet, zu beantworten ist. So spricht auch Ursula Dehm (1984: 11) von einer Ungenauigkeit, was den Begriff der Unterhaltung betrifft. Unterhaltung zählt neben Information und Bildung zu einer der massenmedialen Funktionen (ebd.: 22). Bei der Analyse von massenmedialer Unterhaltung sind viele Ansätze unterschiedlichster Disziplinen herausgearbeitet worden.[1] An dieser Stelle bleibt jedoch festzuhalten, dass der Konsum massenmedialer Unterhaltung den Rezipienten unter anderem zum Vergnügen, zur Erholung und Entspannung sowie dem Zeitvertreib und der Abwechslung dient. Massenmediale Unterhaltungsformen können metaphorisch als »Spielgärten der Erwachsenen« umschrieben werden (vgl. W. Haacke, zitiert nach Dehm 1984: 27). Demzufolge stellt Unterhaltung einen Zufluchtsort dar, eine Flucht aus dem Alltag, eine Möglichkeit zur Bewältigung von Anspannung, oder gar ein Entkommen von ungelösten Konflikten aus der Realität (ebd.: 28-44). Das Fernsehgerät gilt als prioritäres Unterhaltungsmedium (vgl. Trebbe und Schwotzer 2010: 78f). Hier wird deutlich, welch hohen Stellenwert Fernsehunterhaltung in der heutigen Gesellschaft bildet.

Hinsichtlich der Vielfalt unterhaltender Fernsehformate ist festzustellen, dass den Rezipienten durch das Unterhaltungsmedium Fernsehen viele unterschiedliche Formate zur Verfügung stehen. »Die Fernsehunterhaltung [...] besteht nicht aus einem homogenen Sendetyp, sondern enthält ganz Disparates« (vgl. Hickethier 1979: 46). Auch Dehm (1984: 32) spricht vom Bestehen zahlreicher Möglichkeiten, die Bedürfnisse der Menschen nach Vergnügen und Erholung durch Fernsehunterhaltung zu befriedigen. Grundsätzlich kann zwischen fiktionaler und non-fiktionaler Fernsehunterhaltung unterschieden werden. Filme und Serien gehören zur Sparte der fiktionalen Unterhaltungssendungen. Die größte Vielfalt unterhaltender Fernsehformate ist im Bereich der non-fiktionalen Formate vorhanden (vgl. Trebbe/Schwotzer 2010: 74f). Als Beispiele für diese

---

[1] So beschreibt Dehm (1984: 32ff) den psychologischen, sozialpsychologischen, soziologischen, politischen, sowie den ökonomischen Aspekt der Fernsehunterhaltung. Auf diese unterschiedlichen Ansätze soll in dieser Hausarbeit jedoch nicht eingegangen werden.

Sparte sind vor allem Quizsendungen, Comedy- und Reality-Formate sowie Shows wie Musikcastingsendungen[2], nach denen in den vergangenen Jahren eine starke Tendenz im deutschen Fernsehen bestand, zu nennen. Fiktionale Unterhaltungsformate, wie beispielsweise amerikanische Serien, werden häufig importiert, synchronisiert und anschließend ausgestrahlt. Dagegen werden non-fiktionale Unterhaltungssendungen nicht komplett, sondern lediglich deren Idee aus anderen Ländern importiert (vgl. ebd.: 76). Im folgenden Kapitel wird das Unterhaltungsformat der Musikcastingsendung näher betrachtet.

3. Musikcastingsendungen im deutschen Fernsehen

Im Zuge der steigenden Nachfrage nach Reality-TV-Formaten ist bereits seit Mitte der 1990er-Jahre eine zunehmende Begeisterung des Fernsehpublikums für Musikcastingshows, deren wesentliches Anliegen die Unterhaltung der Massen ist, festzustellen (vgl. Schramm 2010: 47). In Deutschland begann der *Boom* von Musikcastingformaten im Jahr 2000 mit der ersten Staffel von *Popstars*. Seitdem sind viele weitere dieser Unterhaltungsformate im deutschen Fernsehen ausgestrahlt und etabliert worden, wobei »das Vorgehen [...] prinzipiell immer ähnlich [ist ...]« (vgl. ebd.: 47ff). Kandidaten präsentieren ihre Gesangsstimme einer Jury, die innerhalb weniger Minuten über das Weiterkommen des Kandidaten entscheidet. In weiteren Sendungen wird die Teilnehmerzahl durch die Entscheidung der Jury und/oder durch Abstimmungsergebnisse der Fernsehzuschauer weiter reduziert. Schließlich geht ein/e Sänger/in oder eine Band als Sieger des Castings hervor und eine musikalische Karriere steht den Siegern eventuell bevor (ebd.: 49). Zwischen den verschiedenen Formaten und innerhalb der Staffeln eines Formats sind jedoch Unterschiede festzustellen. Im Folgenden sollen daher zunächst die beiden Konzepte der Musikcastingsendungen DSDS und USFO vorgestellt werden, um im daran anschließenden Kapitel die unterschiedlichen Schwerpunktbildungen beider Formate zu erarbeiten.[3]

---

[2] Der Begriff ›Casting‹ (engl., Rollenbesetzung) »bezeichnet den Prozess einer Auswahl von Talenten für eine Produktion – nicht nur bei Film und Fernsehen, sondern auch für Bühne und Theater, für Shows und mittlerweile auch Popbands« (vgl. *Das Wissensportal der deutschen Filmakademie*, unter http://www.vierundzwanzig.de/casting).

[3] Die siebte Staffel von DSDS und die Castingsendung USFO sind beide zu Beginn des Jahres 2010 ausgestrahlt worden. Daher soll bei der Gegenüberstellung das Hauptaugenmerk auf die siebte Staffel von DSDS und USFO gelegt werden.

3.1. Deutschland sucht den Superstar

Das Format DSDS zählt zu einer der erfolgreichsten Unterhaltungssendungen im deutschen Fernsehen.[4] In diesem Unterhaltungsformat gilt es, wie der Titel schon besagt, einen neuen deutschen ›Superstar‹ zu ermitteln. Im Zeitraum von Januar 2010 bis April 2010 ist bereits die siebte Staffel dieser Musikcastingsendung auf dem Privatsender *RTL* ausgestrahlt worden.

Zu Beginn der siebten Staffel sind, wie auch in allen Staffeln zuvor, zunächst die Castinghöhepunkte ausgestrahlt worden. Die Jury der siebten Staffel, bestehend aus dem Musikmanager Volker Neumüller, der Moderatorin Nina Eichinger sowie dem Musikproduzenten Dieter Bohlen, der bereits seit der ersten Staffel als Jurymitglied fungiert, wählte aus allen Bewerbern die besten 120 Kandidaten aus. In den darauffolgenden *Recall-Runden* ist die Anzahl der Kandidaten durch die Entscheidung der Jury weiter reduziert worden. Die besten 15 Kandidaten traten schließlich in der ersten Livesendung, der *Top 15 Show*, vor einem Millionen-Fernsehpublikum auf. Die zehn Kandidaten, welche durch das Zuschauervoting die meisten Anrufe erhielten, präsentierten in den darauffolgenden *Mottoshows* Songs zu einem festgelegten Motto. Die Mottoshows der siebten Staffel sind im Zeitraum vom März bis April 2010, jeweils samstags ab 20.15 Uhr, live von RTL übertragen worden. Nicht die Jury, sondern die Zuschauer konnten per Telefonanruf für ihre Favoriten *voten*. Der Kandidat, der die wenigsten Anrufe erhielt, musste ausscheiden.[5] Die Anzahl der Kandidaten ist somit von Woche zu Woche weiter reduziert worden. Im Finale der siebten DSDS-Staffel sind schließlich die letzten beiden Bewerber um den Titel des neuen deutschen ›Superstars‹ gegeneinander angetreten. Hier setzte sich Mehrzad Marashi gegen seinen Konkurrenten Menowin Fröhlich durch (vgl. http://www.rtl.de/ cms/unterhaltung/superstar/shows.html).

---

[4] Der Startschuss zu ersten DSDS-Staffel fiel bereits im November 2002, seitdem ist dieses Format zu einem etablierten Bestandteil der deutschen Fernsehunterhaltung geworden. Die englische Castingsendung *Pop Idol*, dessen Idee von dem britischen Musik- und Fernsehproduzent Simon Fuller stammt, gilt als Vorlage für DSDS. Das deutsche Format ist somit keine völlig neue Erfindung, sondern die Adaptation des britischen Originals gewesen (vgl. Schramm 2010: 53).
[5] Die Zuschauerentscheidung ist in der Sendung *Deutschland sucht den Superstar – Die Entscheidung*, die meist etwa eine Stunde nach dem Ende der Liveshows live übertragen worden ist, verkündet worden.

3.2. Unser Star für Oslo

Ebenfalls zu Beginn des Jahres 2010, im Zeitraum von Februar bis März 2010, strahlten der öffentlich-rechtliche Sender *Das Erste* und der Privatsender *Pro7* erstmalig ein Projekt in Kooperation aus. Gemeinsam entwickelten die beiden Fernsehsender das Konzept für den musikalischen Wettbewerb *Unser Star für Oslo*. Ziel dieses gemeinsamen Fernsehprojektes ist die Suche nach dem deutschen Teilnehmer für den Eurovision Song Contest 2010 in Norwegen/Oslo gewesen.[6] Unter allen Castingbewerbern sind die 20 besten Teilnehmer auserwählt worden (vgl. http://eurovision.ndr.de/news/meldungen/raab102.html). Die Ausstrahlung der Castingaufzeichnungen erfolgte jedoch nicht im Rahmen von USFO (vgl. Kap. 4.2.).

Mit jeweils zwei wechselnden professionellen Juroren, hierzu zählten unter anderem Peter Maffay, Marius Müller-Westernhagen oder Xavier Naidoo, bewertete Stefan Raab in den acht ausgestrahlten Livesendungen die Gesangsqualität und die Performances der Kandidaten. In den ersten beiden auf Pro7 ausgestrahlten Vorentscheidungssendungen sind jeweils zehn Kandidaten gegeneinander angetreten. Jeweils fünf dieser Kandidaten erreichten, wie auch in den Mottoshows von DSDS durch die meisten Telefon-Stimmabgaben der Zuschauer, die nächste *Runde*. Die Anzahl der Teilnehmer ist in den drei darauffolgenden Ausscheidungsshows, die ebenfalls auf dem Sender Pro7 ausgestrahlt wurden, weiter reduziert worden. Das Erste übertrug schließlich das Viertelfinale, Pro7 sendete wiederum das Halbfinale (vgl. http://www.ndr.de/unternehmen/presse/pressemappen/pressemappeunserstarfuero slo100.pdf). Im Finale, übertragen auf dem Ersten, sind schließlich die beiden letzten Kandidatinnen, Jennifer Braun und Lena Meyer-Landrut, gegeneinander angetreten. Mit dem Song *Satellite* ist Lena Meyer-Landrut als Siegerin des Wettbewerbs hervorgegangen (vgl. http://www.unser-star-fuer-oslo.de/shows/). Gleichzeitig ist sie somit auch zur deutschen Teilnehmerin des Eurovision Song Contest 2010 gewählt worden. Bei diesem europäischen Musikwettbewerb

---

[6] Aufgrund der unerfreulichen Belegungen der deutschen Teilnehmer beim Eurovision Song Contest in den vergangenen Jahren entschieden sich die Verantwortlichen zur Zusammenarbeit mit Stefan Raab, der bereits 1998 und 2004 als Produzent, sowie im Jahr 2000 selbst als Interpret erfolgreich beim Grand Prix teilnahm (vgl. http://eurovision.ndr.de/news/meldungen/raab102.html und Anhang).

belegte sie, und dies zum zweiten Mal in der Geschichte dieses Wettbewerbs, den ersten Platz für Deutschland.

4. Inszenierung der Kandidaten bei ›DSDS‹ und ›USFO‹

Sowohl die siebte Staffel von DSDS als auch USFO verfolgten mit ihren Konzepten das Ziel, aus zunächst mehreren tausend Bewerbern die Zahl der Teilnehmer von Sendung zu Sendung zu reduzieren.[7] Im Finale beider Unterhaltungsformate ist schließlich der Sieger, der die meisten Zuschaueranrufe erhielt, gekürt worden. Hinsichtlich des Konzepts und des Ablaufs sind Gemeinsamkeiten beider Formate durchaus vorhanden. Ferner besteht in beiden Musikcastingsendungen eine Parallele zum gesellschaftlichen Auf- und Abstieg, da beide Formate die Entwicklung eines »Nobody zum Star« darstellen (vgl. Jähner 2005: 625f). Aufgrund dieser Ähnlichkeiten kann zunächst davon ausgegangen werden, dass beide Formate annähernd gleichen Erfolg hinsichtlich der Einschaltquoten erzielten. Beim Vergleich der Einschaltquoten und der Marktanteile beider Formate fällt auf, dass diese zwar bei beiden Formaten relativ konstant verliefen, jedoch auf deutlich unterschiedlichem Niveau (vgl. Anhang). Die Einschaltquoten von DSDS lagen während der Live-Sendungen fast immer bei über sechs Millionen Zuschauern, der durchschnittliche Marktanteil betrug etwa 19 Prozent. Im Finale wurde die höchste Reichweite der gesamten Staffel bei den Zuschauern ab 3 Jahren erreicht (7,55 Mio. Zuschauer, 24,4 Prozent Marktanteil bei den Zuschauern ab drei Jahren). Bei der für die Werbewirtschaft wichtigen Zielgruppe der 14-49-Jährigen wurden bei den Livesendungen sogar Marktanteile zwischen 28 und 39,1 Prozent erzielt. Dagegen erzielte USFO in keiner Sendung solch hohen Einschaltquoten und Markanteile. Durchschnittlich zweieinhalb Millionen Zuschauer verfolgten die Liveshows dieses Formats. Wie auch bei DSDS erzielte USFO bei dem Finale mit 4,55 Millionen Zuschauern die höchste Reichweite, jedoch liegt auch dieser Wert deutlich unter der Reichweite

---

[7] Im Gegensatz zu USFO begannen die Liveshows der siebten DSDS-Staffel erst ab der elften Sendung. In den ersten sechs Sendungen sind zunächst die Castingsendungen ausgestrahlt. In den darauffolgenden vier Recall-Sendungen ist die Teilnehmerzahl weiter reduziert worden. Bis zu diesem Zeitpunkt lag die Entscheidung über das Weiterkommen der Kandidaten ausschließlich bei der Jury. Erst ab der erste Liveshow entschieden die Zuschauer über den weiteren Verbleib der Castingkandidaten (vgl. Jähner 2005: 619f). USFO verzichtete auf die Ausstrahlung der Castings. Die erste Liveshow ist auch gleichzeitig die erste ausgestrahlte Sendung dieses Formats gewesen.

des Finales von DSDS. Ebenso liegt der durchschnittliche Markanteil in der Zielgruppe der 14-49-Jährigen deutlich unter dem von DSDS erreichten Wert. Trotz des ähnliches Konzepts und der gemeinsamen Parallele zur Realität fällt in einem genaueren Vergleich auf, dass beide Konzepte völlig unterschiedliche Schwerpunkte bei der Gestaltung ihrer Formate legten. Im folgenden Schritt soll daher auf den Stellenwert der Gesangsqualität und der Natürlichkeit der Kandidaten von Musikcastingsendungen, sowie auf weitere Faktoren, die den Unterhaltungswert beeinflussen und somit auch für die Höhe der Einschaltquoten von Bedeutung sind, eingegangen werden.

4.1. Gesangsqualität und Natürlichkeit

Worum geht es in Musikcastingsendungen? Auf den ersten Blick scheint diese Frage recht simpel zu beantworten zu sein. Es geht um Musik, um die Gesangsqualität von Kandidaten. Gesangstalente werden unter vielen (tausend) Bewerbern ermittelt. Doch geht es wirklich nur um Musik und die Gesangsqualität der Kandidaten? Das wohl größte Ziel der Fernsehsender ist, wie auch Medienjournalist Stefan Niggemeier (2010: 25) feststellt, die Erzielung möglichst hoher Einschaltquoten und der Ausbau der Zuschauermarktanteile. Um die Ausbildung qualitativer Musikkünstler geht es in Musikcastingsendungen demzufolge also weniger als zunächst erwartet. Dem wäre jedoch hinzuzufügen, dass die unterschiedlichen Sender hinsichtlich der Relevanz der Musik und des musikalischen Könnens der Kandidaten in solchen Formaten eine unterschiedliche Gewichtung aufweisen. Auch laut der Europäischen Kommission ist der öffentlich-rechtliche Rundfunk im dualen Rundfunksystem für »qualitativ hochwertige Unterhaltung« zuständig, das Unterhaltungsprogramm ist somit im Vergleich zu dem der privaten Fernsehsender anspruchsvoller gestaltet (vgl. Lobigs 2004: 48). Beim Vergleich der beiden vorgestellten Musikcastingsendungen sind bezüglich der Bedeutung der Einschaltquoten einerseits und dem eigentlichen Thema Musik deutliche Unterschiede festzustellen.

Wie auch in den Staffeln zuvor, strahlte RTL in den ersten sechs Sendungen der siebten DSDS-Staffel die Casting-›Highlights‹ aus. Neben wenigen musikalischen Höhepunkten sind oft »tonlose Stimmen und ungelenke Bewegungen, [...]

8

Mangel an Talent und noch mehr an realitätsgerechter Selbsteinschätzung, für den die Experten vernichtende Urteile abgeben […]«, gesendet worden (vgl. Jähner 2005: 619). Zudem sind die skurrilen Auftritte untalentierter Kandidaten oftmals mit nachträglich eingebauten Comedy-Elementen umrahmt worden. Auch in den späteren Mottoshows von DSDS rückten die vermeintlich wichtigsten Merkmale von Musikcastingsendungen, die Stimme und die Qualität des Gesangs, deutlich in den Hintergrund und haben lediglich eine untergeordnete Rolle eingenommen. Deutlich wird diese These am Beispiel Menowin Fröhlich, Finalist der siebten DSDS-Staffel. Aus qualitativen Gesichtspunkten zählt er wohl zu einem der besten Teilnehmer der siebten DSDS-Staffel. Allerdings geriet dieser Aspekt im Laufe der Staffel immer deutlicher in den Hintergrund. Es ging weniger um seine Stimme, mit der das Fernsehpublikum unterhalten werden sollte. Vielmehr sind andere Themen zur Unterhaltung des Fernsehpublikums herangezogen worden (vgl. Kap. 4.2.).

Die Relevanz der Ausbildung von Musikpersönlichkeit ist bei DSDS äußerst gering, es geht um die ›Formung der Ware‹, um Musiker, die nur zum Schein gegeneinander antreten (vgl. Helms 2005: 36). Die Kandidaten werden hier als zu ›formender Rohstoff‹ metaphorisch umschrieben, wodurch die geringe Bedeutung der Persönlichkeit und der Natürlichkeit der Kandidaten in diesem Format deutlich wird. Mit Nachdruck muss ich daher der These von dem Musikwissenschaftler Pendzich (2005: 146), bei DSDS »geht es nicht nur darum, Zuschauerquoten […] zu generieren […], sondern darüber hinaus um den Aufbau von auch in der Folgezeit erfolgreichen Musik-Acts«, deutlich widersprechen. Als Beleg dieser Widersprechung dient die Feststellung, dass die Sieger vergangener Staffeln nach dem Finale kaum einen langfristigen Erfolg in der Musikbranche verbuchen konnten (vgl. Helms 2005: 36). So konnte bisher außer Mark Medlock, Gewinner der vierten DSDS-Staffel, keiner der bisher ›gesuchten und gefundenen Superstars‹ nachhaltigen Erfolg in der Musikindustrie erzielen. Auch aufgrund der Tatsache, dass die ›Superstar-Suche‹ jährlich durchgeführt wird, darf die Ernsthaftigkeit in Bezug auf den erfolgreichen Aufbau eines Superstars nach dem Ende der Staffeln angezweifelt werden. Der einzige Erfolg von DSDS ist, wie Helms (vgl. ebd.: 36) feststellt, die Produktion des Formates selbst und die Erzielung hoher Einschaltquoten selbst.

Auf das Format USFO kann diese These allerdings nicht 1:1 übernommen werden. Sicherlich ist auch bei diesem Format die Erzielung hoher Zuschauermarktanteile erstrebenswert gewesen, dennoch sind hier die Schwerpunkte auf die Gesangsstimme der Kandidaten, auf deren Persönlichkeiten sowie auf die Beibehaltung ihrer Natürlichkeiten gelegt worden. Zwar sind auch Fernsehaufnahmen untalentierter USFO-Bewerber vorhanden, allerdings sind diese nicht im Rahmen der Sendung USFO, sondern in der von Stefan Raab moderierten Late-Night Comedysendung *TV total* ausgestrahlt worden. Im Gegensatz zu DSDS ging es bei USFO nicht darum, mit skurrilen Auftritten untalentierter Bewerber auf *Quotenfang* zu gehen, sondern vielmehr um eine ernsthafte und ehrliche Suche (vgl. Hoff 2010: 15). Hierdurch wird erneut der hohe Stellenwert der Musik und der Gesangsqualität der Kandidaten bei USFO deutlich. So kommt auch Niggemeier (2010: 25) zu der Feststellung, dass »Raab tatsächlich zu einem unwahrscheinlichen Symbol für Ernsthaftigkeit, Seriosität und Nachhaltigkeit geworden ist – jedenfalls was Musik angeht«. Hier wird verdeutlicht, dass der Aspekt der Gesangsqualität in deutschen Musikcastingshows schon seit längerem nicht mehr die wichtigste Rolle gespielt hat. Bei USFO handelte es sich jedoch um eine ernste Talentsuche, bei der die Teilnehmer gezeigt haben, was sie können (vgl. ebd.: 25). Die Ernsthaftigkeit des Wettbewerbs und der hohe Stellenwert der Natürlichkeit der USFO-Teilnehmer werden vor allem durch eine Aussage der späteren Siegerin Lena Meyer-Landrut, welche sie im Laufe des Wettbewerbs äußerte, deutlich. Obwohl ihr empfohlen wurde, ein bekannteres Lied für die Show auszuwählen, entschied sie sich dennoch für ein relativ unbekanntes Lied mit der Aussage »Dann scheide ich eben aus!« (vgl. Hoff 2010: 15). Doch nicht nur die spätere Siegerin des Wettbewerbs ist ihrer Linie treu geblieben. Während die DSDS-Kandidaten nach Göttlich (2004: 133) fähig sind, »sich für verschiedene (Musik-) Stilrichtungen als kompatibel zu erweisen, um den glaubwürdigsten Performer für die spätere bestmögliche Ansprache von Zielgruppen zu finden«, so ließen sich die Kandidaten von USFO, neben Lena Meyer-Landrut sind unter anderem auch die Kandidaten Christian Durstewitz, Kersting Freking oder Sharyhan Osman als Beispiele zu nennen, von anderen Meinungen nicht beeinflussen. Sie performten oftmals unbekannte, teilweise sogar selbst geschriebene und komponierte Lieder, die ihrem Stil und Geschmack entsprachen. Von Umstimmungen und

Umformungen seitens der Jury und der *Macher der Sendung* kann nicht gesprochen werden.

Trotz der bedeutungsvolleren Rolle der Eigenständigkeit und Natürlichkeit der Kandidaten von USFO im Gegensatz zu DSDS muss mit Blick auf die Einschaltquoten (vgl. Kap. 4. und Anhang) jedoch festgestellt werden, dass DSDS im Durchschnitt deutlich mehr Zuschauer als USFO gewinnen konnte. Es ist daher davon auszugehen, dass der Erfolg von Musikcastingsendungen weniger auf natürlichen und qualitativen Gesichtspunkten beruht. Naheliegend ist daher das Vorhandensein weiterer Unterhaltungselemente, die bei diesen Formaten eine Rolle spielen und, zumindest in Bezug auf die Einschaltquoten, von noch größerer Bedeutung sind.

4.2. Rollenbesetzung

Welche Faktoren neben der Musik und der Gesangsqualität der Kandidaten zu berücksichtigen und entscheidend für den Erfolg dieser Unterhaltungsformate sind, wird in diesem Kapitel beschrieben. Es stellt sich somit die Frage, aufgrund welcher Unterhaltungselemente das Format DSDS höhere Einschaltquoten als USFO erzielt. DSDS stellt eine Bühne bereit, »auf der die verschiedenen Kandidaten ihre Szenezugehörigkeiten und Lifestyleorientierungen einbringen [...]« (vgl. Göttlich 2004: 133). Bei DSDS gilt es demnach, durch die Inszenierung unterschiedlicher Charaktere und dem Bekanntgeben intimer Details und Schicksalsschläge der Kandidaten, sowie durch öffentliche Streitgeschichten der ›Superstaranwärter‹, die Einschaltquoten voranzutreiben. Möglichst viele unterschiedliche Charaktere treten gegeneinander an, die verschiedenen Rollen werden besetzt.

So stand mit den letzten zehn Teilnehmern der siebten DSDS-Staffel eine große Bandbreite bereit: Steffi Landerer, die für den ›Sex-Appeal-Charakter‹ sorgte, Manuel Hoffmann und Marcel Pluschke, die mit ihrer netten Art vor allem die Herzen junger Mädchen zum Klopfen brachten, Thomas Karaoglan, der aufgrund seiner direkten Art als ›cooler Checker‹ bekannt wurde, Kim Debkowski, die mit ihren Outfits Woche für Woche für Aufsehen erregte oder Menowin Fröhlich, der sich mit seinem Styling und seinen Auftritten das Image eines ›Bad Boy‹ aufbaute. Ferner sind, wie auch in den Staffeln zuvor, Vergangenheitsgeschichten,

Schicksalsschläge und das aktuelle Gefühls- und Liebeslebens der Kandidaten thematisiert worden. Dementsprechend bezeichnet auch Niggemeier (2010: 25) DSDS als eine »Art Soap mit Reality-Momenten«. Sowohl bei DSDS als auch bei USFO sind die Kandidaten in kurzen Spots vor ihren Auftritten vorgestellt worden. Hier konnten die Kandidaten, in beiden Formaten jedoch auf völlig unterschiedliche Weise, auf die eigene Persönlichkeit aufmerksam machen. Spielte bei den Kandidaten von USFO die Thematisierung des Gesangs und ihres Erfolgs der vergangenen Sendungen die prioritäre Rolle, so machten die DSDS-Kandidaten verstärkt durch das Berichten emotionaler Geschichten und Schicksalsschläge aus ihrer Vergangenheit oder über ihr aktuelles Gefühls- und Liebesleben auf sich aufmerksam. Der Gesang spielte hier nur eine Nebenrolle.

Es stellt sich folglich die Frage, wo die Gründe für die Platzierung dieser Themen liegen. Das Fernsehpublikum, so Göttlich (2004: 130ff), ist durch die Rezeption der Gefühlsausbrüche der Kandidaten von DSDS zur Teilnahme an deren Emotionen eingeladen. Diese Dramatisierung des Alltags ist nicht nur als Reaktion auf medienökonomische Veränderungen zu verstehen, sondern erfolgt vor allem auch als Reaktion auf den gesellschaftlichen Wandel. Demnach besteht eine Parallele zwischen diesen Inszenierungen und den Konflikten und Interessensgegensätzen der heutigen Gesellschaft. Durch die Möglichkeit der emotionalen Bindung sind die Zuschauer fähig, sich in die unterschiedlichen Charaktere, die stellvertretend die Auf- und Abstiegsmöglichkeiten innerhalb der Gesellschaft darstellen, hineinzuversetzen. DSDS stellt somit ein Abbild der Gesellschaft dar. Als signifikantes Beispiel ist die Darstellung der einst freundschaftlichen Verbindung der Finalisten Mehrzad Marashi und Menowin Fröhlich zu nennen, die jedoch im weiteren Verlauf der Sendung zu einer zerstrittenen ›Feindschaft‹ mutierte. Zwar griff Menowin Fröhlich in den Spots während der Livesendungen seine musikalische Leistung der vergangenen Show auf, äußerte sich jedoch zunehmend über den immer ansteigenden Konkurrenzkampf. So deutete er bereits in der dritten Mottoshow auf den Neid mancher Leute hin. In der sechsten Mottoshow verschärften sich seine Worte und sein Siegeswille, indem er mitteilte, dass sein Wille zu stark sei, jemand anderes gewinnen zu lassen und er sich den Titel nicht mehr stehlen lasse (vgl. http://www.clipfish.de/special/dsds/video/3285648/dsds-menowin-in-der-6-mottoshow/). Die ständige Thematisierung des zunehmenden Konkurrenzkampfes und die Wettbewerbsinszenierung erscheinen, so Jähner (2005: 619),»als Spiegel einer brutalen Leistungsgesellschaft, in der Sieg und Niederlage zugleich als Showspektakel vermarktet werden«. Demzufolge ist bei DSDS auch eine Parallele zu dem steigenden Wettbewerbsprinzip der heutigen Gesellschaft zu ziehen. Jeder will Sieger sein, niemand der Verlierer. ›Die Figuren‹ kommen aus unterschiedlichsten Milieus. Sie treffen aufeinander und haben zunächst noch den Glauben an eine ›heile Welt‹. Mit steigender Erfolgswahrscheinlichkeit entpuppt sich diese Harmonie als Tarnung, sie mutiert zunehmend zu einem deutlichen Konkurrenzkampf. DSDS ist somit ein Beispiel für die mediale Konstruktion von Wirklichkeit. Durch die Darstellung eines *Pseudo-Realismus*, der Inszenierung von Erfolg und einer möglichen Existenz in der Öffentlichkeit, werden vor allem bei DSDS hohe Einschaltquoten, die sich von denen anderer ähnlicher Castingkonzepte absetzen, erzielt (vgl. Kleiner 2004: 112f).

Bei USFO hingegen werden diesbezüglich, wie bereits in Kapitel 4.1. dargestellt, andere Schwerpunkte gelegt. Hier geht es weder um Hintergrundgeschichten und Informationen aus der Vergangenheit, noch um Schicksalsschläge der Kandidaten als Mittel zur Emotionalisierung der Zuschauer (vgl. Aures 2010: 11). Ebenso wenig sind Streitsituationen jeglicher Art unter den Kandidaten von USFO thematisiert worden. Die Kandidaten von USFO verkörpern eine heile Welt, jenseits von Streit, Hass und Sexualisierung. Demnach ist bei USFO, im Gegensatz zu DSDS, keine Parallele zur gegenwärtigen wettbewerbsorientierten Gesellschaft vorhanden. Die These von Tanja Thomas (2005: 34) über die »widerstandslose Anpassungsbereitschaft und der Wille zu einer gnadenlosen Selbstausbeutung« der DSDS-Teilnehmer, mit dem Ziel der Erzielung möglichst hoher Einschaltquoten, ist nicht auf USFO und die Kandidaten dieses Formats übertragbar. Eine Verteilung unterschiedlicher Rollen oder gar eine Umformung der Charaktere ist bei USFO nicht vorzufinden. Die Inszenierung unterschiedlicher Gesellschaftsmodelle sowie die Darstellung zweier völlig unterschiedlicher Milieus bei DSDS und USFO sind somit evident.

Anhand dieser Feststellungen ist davon auszugehen, dass der Erfolg einer Musikcastingsendung nicht hauptsächlich durch die musikalische Qualität der Kandidaten beeinflusst wird. Die Zuschauer wollen sowohl *Glanz*, als auch *Elend* sehen (vgl. Jähner 2005: 620). Bei DSDS sind die von Jähner erwähnten gegensätzlichen Aspekte beide vorhanden. Einerseits werden der steigende Ruhm und der Erfolg der Kandidaten, andererseits die negativen Facetten und *Schattenseiten* der Kandidaten beleuchtet, sodass letztendlich eine Fährte zur Realität gelegt und eine Identifizierung mit den Kandidaten ermöglicht wird. Von diesem *Elend* ist bei USFO keine Spur, hier geht es um Musik und ›love, peace and harmony‹ zwischen den Kandidaten. Eine Identifizierung der Zuschauer mit den Kandidaten von USFO fällt daher schwer, ein Abbild zur gegenwärtigen Leistungsgesellschaft ist bei USFO deutlich schwer erkennbar. Aufgrund der unterschiedlichen Zuschauerzahlen liegt es nahe, dass sowohl die Darstellung von *Glanz* als auch von *Elend* maßgeblichen Einfluss auf die Höhe der Einschaltquoten hat. Der Erfolg einer Musikcastingsendung hängt demnach von der Kombination beider Elemente ab.

4.3. Berichterstattung in den Medien

Es ist ferner zu klären, wie die Berichterstattung in den Medien in Bezug auf DSDS und USFO erfolgte und inwiefern diese zur Höhe der Einschaltquoten beitrug. Welche Rolle spielten andere Fernsehformate und vor allem andere Medien?

Auch hier ist eindeutig feststellbar, dass viele weitere *RTL*-Sendungen, wie z.B. die Magazine *Extra*, *Explosiv* und *Exklusiv* oder gar auch Nachrichtenmagazine über DSDS berichteten. Zum einen ist somit stets die Aufmerksamkeit auf die Kandidaten aufrechterhalten worden. Zum anderen ist auch hier permanent über das Privatleben und die Vergangenheit der Kandidaten berichtet worden, sodass stets neue Schlagzeilen und Gesprächsstoff in anderen Medien, allen voran die *Bildzeitung*, gewährleistet wurden. »Dank der enormen Unterstützung von *Bild*, die ausführlich und ›genüsslich‹ über das Vorleben und die (sexuellen) Vorlieben der Kandidaten berichtete«, blieb die Aufmerksamkeit auf die Kandidaten und somit auch auf das Format stets bestehen, sodass schließlich Woche für Woche hohe Einschaltquoten garantiert wurden (vgl. Nieland 2004: 210f). Ferner trug auch das wöchentliche DSDS-Magazin, das sowohl auf *RTL* als auch auf *Super RTL* ausgestrahlt worden ist, mit der Berichterstattung über die Kandidaten zur Beachtung und Neugier bei. Ich kann mich daher der Hypothese, dass das Fernsehen die dargestellte Wirklichkeit selbst entwirft und kontrolliert, mit Blick auf das Format DSDS anschließen (vgl. Göttlich 2004: 129). Hierzu halte ich allerdings fest, dass diese Hypothese auf das Format USFO nur geringfügig zutrifft. Es ist festzustellen, dass über die Kandidaten von USFO zwar auch in weiteren Sendungen des Privatsenders *Pro7*, wie z.b. *TV total* oder *taff*, berichtet worden ist. Jedoch ist auch hier der musikalische Charakter der Kandidaten beleuchtet worden, Privates über die Kandidaten wurde größtenteils ausgeklammert. Der Zuschauer erfuhr nur wenige Informationen über die Kandidaten, wie z.b. zu dem Heimatort, das Alter, die Schule sowie deren Einstellung zur Musik. Skandalberichte über die Kandidaten von USFO in bekannten Tages- und Boulevardzeitungen sind im Gegensatz zu den DSDS-Kandidaten nicht vorhanden gewesen. Überregionale Zeitungen wie die *Süddeutsche*, die *FAZ* oder *Die Welt* berichteten ausschließlich über die Qualität der Kandidaten, die Ernsthaftigkeit und das hohe Niveau der Show.

Die gleiche Tendenz findet sich in der Berichterstattung durch das Internet wieder. Beide Formate stellten weitere Informationen zur Show auf ihren Webseiten zur Verfügung. Jedoch ist auch hier erneut festzustellen, dass auf der Homepage zur RTL-Show unter anderem über private Hintergrundgeschichten berichtet wurde, wohingegen sich die Berichterstattung auf der Homepage zu USFO ausschließlich auf die musikalischen Aspekte und Qualitäten der Kandidaten beschränkte (vgl. http://www.rtl.de/cms/unterhaltung/superstar.html und http://www.unser-star-fuer-oslo.de/index.php).

Es ist festzuhalten, dass auch die Medienberichterstattung über die beiden Musikcastingsendungen deutliche Unterschiede aufweist. Die konstant hohen Einschaltquoten von DSDS sind durch die ständige Berichterstattung über Hintergründe und Schicksale, sowie die fast täglich neuen Schlagzeilen und Skandale der Kandidaten aufrechterhalten worden. Über die Kandidaten von USFO hingegen sind nicht diese Aspekte, sondern deren musikalischen Qualitäten und die Ernsthaftigkeit der Castingsendung, thematisiert worden. Die Einschaltquoten von USFO sind in keiner Sendung so hoch wie jener von DSDS gewesen, sodass auch hier ein Zusammenhang zwischen der Art und Menge der Medienberichterstattung und deren Auswirkung auf die Höhe der Einschaltquoten beider Formate besteht.

5. Fazit

Fernsehunterhaltung hat in der gegenwärtigen Gesellschaft einen hohen Stellenwert. In den letzten Jahren ist zu beobachten, dass vor allem Musikcastingsendungen zur Unterhaltung und Begeisterung der Fernsehzuschauer dienen. DSDS und USFO, zwei ähnlich konzipierte Musikcastingsendungen im deutschen Fernsehen, weisen trotz einiger Parallelen deutliche Unterschiede auf. Mit Blick auf die Höhe der Einschaltquoten ist zunächst festzustellen, dass das Format DSDS weitaus mehr Zuschauer zum *Einschalten* bewegen konnte als USFO. Zurückzuführen ist diese Tatsache auf die Inszenierung deutlich unterschiedlicher Charaktere in beiden Unterhaltungssendungen. So spielte der Aspekt der Gesangsqualität und der Natürlichkeit der Kandidaten bei USFO die wesentliche Rolle. Bei der siebten Staffel von DSDS sind dagegen, wie auch in den Staffeln zuvor, andere Schwerpunkte gesetzt worden. Hier lag das Hauptaugenmerk nicht auf den musikalischen Qualitäten der Kandidaten, sondern vielmehr auf deren Gefühle und Privatsphäre, wodurch dem Zuschauer die Bindung an deren Emotionen ermöglicht worden ist. Informationen über vergangene Schicksalsschläge oder Streitsituationen der DSDS-Kandidaten untereinander haben nicht nur dazu beigetragen, dass dieses Format deutliche Ähnlichkeiten mit einer *Soap* aufwies, sondern vielmehr diente diese Inszenierung als Darstellung eines *Pseudo-Realismus* und als ein Abbild der gegenwärtigen wettbewerbsorientierten Leistungsgesellschaft. Sowohl Aufstiegs- als auch Abstiegsmöglichkeiten in einer Gesellschaft werden bei DSDS in Szene gesetzt. Durch die Darstellung von sowohl positiven als auch negativen Situationen wird eine Brücke zur Gesellschaft erschafft, wodurch dem Zuschauer eine Identifikation ermöglicht wird.

Diese mediale Darstellung von Wirklichkeit ist demgegenüber bei USFO nicht wiederzufinden. Hier sind die negativen Aspekte ausgeklammert worden, bzw. gar nicht vorhanden gewesen, sodass bei diesem Format eine Parallele zur Gesellschaft nicht anzutreffen ist. Ausschlaggebend für die Erzielung hoher Einschaltquoten einer Musikcastingsendung sind, wie jedoch zunächst vermutet werden könnte, nicht die Musik und musikalische Qualitäten der Kandidaten. Erst durch dramatisierende Elemente, kombiniert mit Momenten des Ruhms und Glücks, wird dieser Effekt erreicht. Ferner werden diese Dramatisierungen, in

Bezug auf DSDS, durch die Medienberichterstattung weiter verschärft. Paradox ist jedoch der Fakt, dass einerseits die Kandidaten von USFO aufgrund ihrer Natürlichkeit authentisch auf den Zuschauer wirken. Andererseits wirkt dieses Format, insgesamt betrachtet, als unnatürlich, da aufgrund der fehlenden *Elendssituationen* von einem gesellschaftlichen Abbild der Realität nicht die Rede sein kann. Die Kandidaten von DSDS dagegen passen sich dem Spektakel der Show an, sie wirken unnatürlich. Andererseits inszeniert dieses Format, insgesamt betrachtet, durch die Verbindung zur gegenwärtigen Gesellschaft eine Natürlichkeit, sodass letztendlich in Bezug auf beide Formate von einer Paradoxie gesprochen werden kann.

Aufgrund der genannten Aspekte ist es der siebten DSDS-Staffel gelungen, deutlich höhere Quoten als USFO zu erzielen. Doch wie geht es weiter? Ist ein Ende von Musikcastingsendungen in Sicht? Köhler und Hess (2004: 36) waren bereits 2004 der Meinung, dass»durch die Vielzahl der Plagiate [...] zu befürchten [ist], dass die Zuschauer das Interesse an diesem Produktformat verlieren [...]«. Mit Nachdruck muss ich dieser Aussage jedoch widersprechen. Trotz vieler ähnlich konzipierter Musikcastingsendungen ist ein Ende des *Casting-Hype* nicht in Sicht. Seit Beginn der ersten DSDS-Staffel erzielt dieses Format hohe Einschaltquoten und Zuschauermarktanteile. Ein Verlust des Interesses der Zuschauer ist nicht festzustellen, weitere Staffeln dieses Formats sind daher äußerst wahrscheinlich. Es ist jedoch fraglich, ob dieses Konzept ohne weitere Veränderungen ihr Quotenniveau in Zukunft halten kann. Wie auch in den Staffeln zuvor sind minimale Veränderungen des Konzepts oder des Personals (Jury, Moderation) gegenüber den Vorstaffeln wahrscheinlich eine Möglichkeit, einem Zuschauerschwund entgegenzuwirken. Da die Macher des Formats USFO von vornherein hauptsächlich auf die Gesangsqualität, Ernsthaftigkeit sowie auf nachhaltigen Erfolg der Kandidaten oder des Siegers setzten, so mag es auch bei diesem Format, nicht zuletzt auch wegen Lena Meyer-Landruts Sieg beim Eurovision Song Contest 2010, wahrscheinlich sein, dass *Pro7* und *Das Erste* auch zukünftig ähnliche Projekte in Kooperation planen. Es ist jedoch nicht davon auszugehen, dass solch eine Sendung im Gegensatz zu DSDS jährlich durchgeführt wird, da ansonsten die Ernsthaftigkeit und ein nachhaltiger Erfolg der Kandidaten oder des Siegers deutlich angezweifelt werden können.

Literaturverzeichnis

Aures, Frank (2010), »Stefan, wir wollen ein Lied von dir!«, in: *TV Spielfilm XXL Digital* (v. 22.01.2010), S. 10-11.

Dehm, Ursula (1984), *Fernsehunterhaltung. Zeitvertreib, Flucht oder Zwang – Eine sozialpsychologische Studie zum Fernseherleben*, Mainz.

Ernst, Wolfgang (1971), »Der Fernsehzuschauer und das Unterhaltungsangebot des Fernsehens«, in: Gerhard Praeger (Hrsg.), *Fernseh-Kritik. Unterhaltung und Unterhaltendes im Fernsehen*, Mainz, S. 54.

Göttlich, Udo (2004), »Produzierte Wirklichkeiten. Zur Entwicklung der Fernsehproduktion am Beispiel von Factual Entertainment Angeboten«, in: Mike Friedrichsen, Udo Göttlich (Hrsg.), *Diversifikation in der Unterhaltungsproduktion*, Köln, S. 124-141.

Helms, Dietrich (2005), »Von Marsyas bis Küblböck. Eine kleine Geschichte und Theorie musikalischer Wettkämpfe«, in: Dietrich Helms, Thomas Phleps (Hrsg.), *Keiner wird gewinnen. Populäre Musik im Wettbewerb*, Bielefeld, S. 11-39.

Hickethier, Knut (1979), »Fernsehunterhaltung und Unterhaltungsformen anderer Medien«, in: Peter von Rüden (Hrsg.), *Unterhaltungsmedium Fernsehen*, München, S. 40-72.

Hoff, Hans (2010), »So geht das«, in: *Süddeutsche Zeitung* (v. 04.02.2010), S.15.

Jähner, Uli (2005), »›Ich weiß, ich muss noch an mir arbeiten.‹ Über Casting Shows im Fernsehen«, in: *PROKLA. Zeitschrift für kritische Sozialwissenschaft*, Münster, Heft 4, S.619-635.

Kleiner, Marcus S. (2004), »Manipulieren Medien? Perspektiven gesellschaftskritischer Medientheorien«, in: Marcus S. Kleiner, Holger Ostwald (Hrsg.), *Kulturbuch quadratur*, Aschaffenburg/Duisburg, Heft 5, S. 109-120.

Köhler, Lutz/Hess, Thomas (2004), »Deutschland sucht den Superstar. Entwicklung und Umsetzung eines cross-medialen Produktkonzepts«, in: *MedienWirtschaft. Zeitschrift für Medienmanagement und Kommunikationsökonomie*, Hamburg, Heft 1, S. 30-37.

Lobigs, Frank (2004), »Niveauvolle Unterhaltung im öffentlich-rechtlichen Fernsehen: Notwendige Voraussetzungen eines Arguments der Meritorik«, in: Mike Friedrichsen, Udo Göttlich (Hrsg.), *Diversifikation in der Unterhaltungsproduktion*, Köln, S. 48-64.

Nieland, Jörg-Uwe (2004), »Deutschland findet einen Superstar. Neue Perspektiven für die Fernsehproduktion und das Kult-Marketing?«, in: Mike Friedrichsen, Udo Göttlich (Hrsg.), *Diversifikation in der Unterhaltungsproduktion*, Köln, S. 204-222.

Niggemeier, Stefan (2010), »Sterne, die nicht verglühen«, in: *Frankfurter Allgemeine Sonntagszeitung* (v. 31.01.2010), S. 15.

Pendzich, Marc (2005), »Hit-Recycling: Casting-Shows und die Wettbewerbsstrategie ›Coverversion‹«, in: Dietrich Helms, Thomas Phleps (Hrsg.), *Keiner wird gewinnen. Populäre Musik im Wettbewerb*, Bielefeld, S. 137-150.

Schramm, Holger (2010), »Musikcastingshows«, in: Peter Moormann (Hrsg.), *Musik im Fernsehen. Sendeformen und Gestaltungsprinzipien*, Wiesbaden, S. 47-66.

Thomas, Tanja (2005), »»An deiner Persönlichkeit musst du noch ein bisschen arbeiten.‹ Plädoyer für eine gesellschaftskritische Analyse medialer Unterhaltungsangebote«, in: *tv diskurs*, Heft 4, S. 38-43; unter: http://www.fsf.de/php_lit_down/pdf/thomas038_tvd34.pdf (abgerufen am 02.05.2010).

Trebbe, Joachim/Schwotzer, Bertil (2010), »Fernsehunterhaltung: Platzierung, Formate und Produktionscharakteristika«, in: Katja Lantzsch, Klaus-Dieter Altmeppen, Andreas Will (Hrsg.), *Handbuch Unterhaltungsproduktion. Beschaffung und Produktion von Fernsehunterhaltung*, Wiesbaden, S. 67-81.

Internetquellen

- http://www.clipfish.de/special/dsds/video/3285648/dsds-menowin-in-der-6-mottoshow/ (abgerufen am 05.06.2010)
- http://www.dsds-finale.de (abgerufen am 22.05.2010)
- http://eurovision.ndr.de/news/meldungen/raab102.html (abgerufen am 15.05.2010)
- http://www.mix1.de/Eurovision-Song-Contest/#nation (abgerufen am 03.05.2020)
- http://www.ndr.de/unternehmen/presse/pressemappen/pressemappeunserstarfueroslo100.pdf (abgerufen am 15.05.2010)
- http://www.rtl.de/cms/unterhaltung/superstar.html (abgerufen am 22.05.2010)
- http://www.tv-ratings.de/ (abgerufen am 03.05.2010)
- http://www.unser-star-fuer-oslo.de/shows/.html (abgerufen am 15.05.2010)
- http://www.vierundzwanzig.de/casting (abgerufen am 28.05.2010)

Anhang

Votingergebnisse der 7. DSDS-Staffel

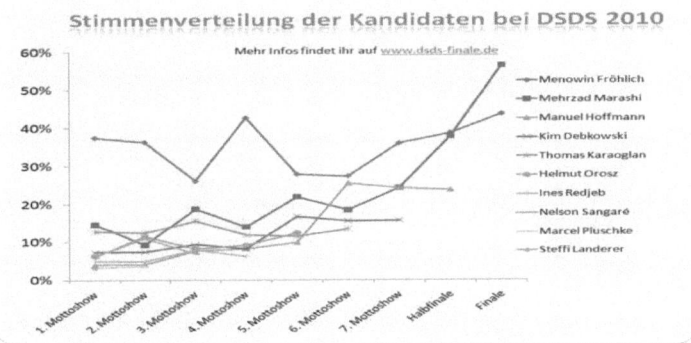

Quelle: http://www.dsds-finale.de

Einschaltquoten und Marktanteile der 7. DSDS-Staffel

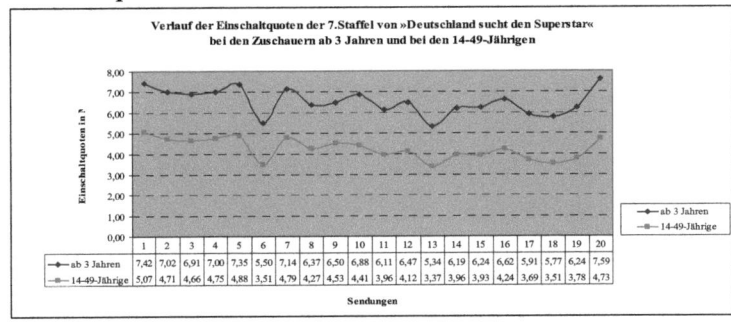

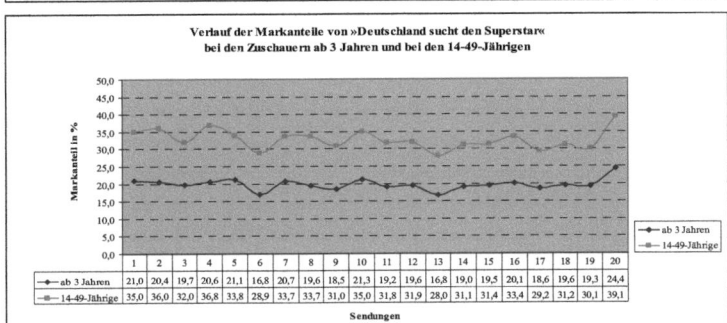

Quelle: http://www.tv-ratings.de/

7.3. Einschaltquoten und Marktanteile von »Unser Star für Oslo«

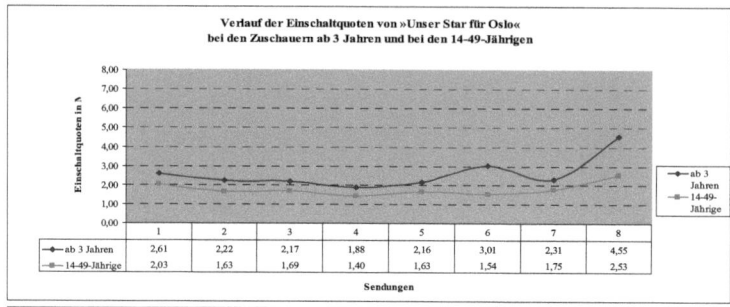

Verlauf der Einschaltquoten von »Unser Star für Oslo«
bei den Zuschauern ab 3 Jahren und bei den 14-49-Jährigen

	1	2	3	4	5	6	7	8
ab 3 Jahren	2,61	2,22	2,17	1,88	2,16	3,01	2,31	4,55
14-49-Jährige	2,03	1,63	1,69	1,40	1,63	1,54	1,75	2,53

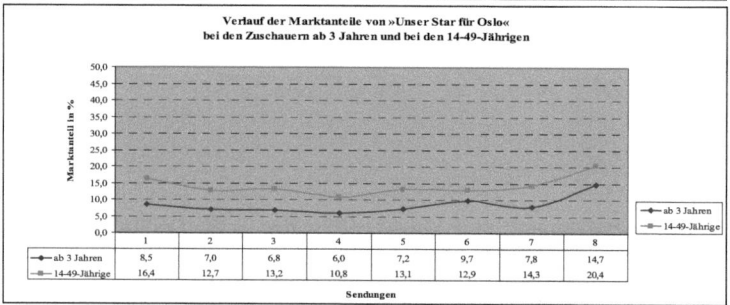

Verlauf der Marktanteile von »Unser Star für Oslo«
bei den Zuschauern ab 3 Jahren und bei den 14-49-Jährigen

	1	2	3	4	5	6	7	8
ab 3 Jahren	8,5	7,0	6,8	6,0	7,2	9,7	7,8	14,7
14-49-Jährige	16,4	12,7	13,2	10,8	13,1	12,9	14,3	20,4

Quelle: http://www.tv-ratings.de/

Platzierungen der deutschen Teilnehmer beim Eurovision Song Contest ab 1998

1998	Guildo Horn	Guildo hat euch lieb	7
1999	Sürpriz	Reise nach Jerusalem - Küdüs'e seyahat	3
2000	Stefan Raab	Wadde hadde dudde da	5
2001	Michelle	Wer Liebe lebt	8
2002	Corinna May	I Can't Live Without Music	21
2003	Lou	Let's Get Happy	12
2004	Max Mutzke	Can't Wait Until Tonight	8
2005	Gracia	Run & Hide	24
2006	Texas Lightning	No No Never	15
2007	Roger Cicero	Frauen regier'n die Welt	19
2008	No Angels	Disappear	23
2009	Alex Swings Oscar Sings!	Miss Kiss Kiss Bang	20
2010	Lena Meyer-Landrut	Satellite	1

Quelle: http://www.mix1.de/Eurovision-Song-Contest/#nation